Annelies Schwarz

Das hast du toll gemacht!
Kleine Geschichten, die Kinder selbstbewusst machen

Illustriert von Dorothea Ackroyd

Bibliografische Information Der Deutschen Bibliothek
Die Deutsche Bibliothek verzeichnet diese Publikation
in der Deutschen Nationalbibliografie;
detaillierte bibliografische Daten sind im Internet
über http://dnb.ddb.de abrufbar.

*Der Umwelt zuliebe ist dieses Buch
auf chlorfrei gebleichtem Papier gedruckt.*

ISBN 3-7855-4713-7 – 1. Auflage 2003
© 2003 Loewe Verlag GmbH, Bindlach
Umschlagillustration: Dorothea Ackroyd
Redaktion: Rebecca Schmalz
Herstellung: Sandra Lautner

www.loewe-verlag.de

Inhalt

- 8 *Vorwort*
- 9 Der Drachen
- 12 Wie Superman!
- 15 Mondkraterkuchen
- 19 Hunde im Park
- 23 Die Mauer am Ende des Gartens
- 27 Indianer
- 31 Rosali
- 35 Schecki braucht Hilfe
- 40 Moritz und die Spinne

Liebe Eltern,

jedes Kind möchte stark sein. Es möchte seine Kräfte mit Gleichaltrigen messen, es möchte seine Fähigkeiten erproben und seine Kenntnisse von der Welt, in die es Schritt für Schritt hineinwächst, nutzen. Es möchte wahrgenommen, geliebt und respektiert werden. Gelingt dies erfolgreich, fühlt sich Ihr Kind stark und wird voll Vertrauen immer wieder auf neue Herausforderungen zugehen.

Natürlich bleiben Sie für Ihr Kind weiterhin die wichtigsten Gesprächspartner. Ihnen wird sich Ihr Kind immer wieder vertrauensvoll zuwenden, Ihnen seine Gefühle mitteilen und von seinen Erlebnissen erzählen. Gemeinsam mit Ihrem Kind können Sie Strategien entwickeln, um Furcht einflößende Situationen zu meistern.

In seinen Spielen, gerade auch in solchen, in denen es in eine andere Rolle schlüpft, wird Ihr Kind fantasievoll Umwelterlebnisse verarbeiten. Dabei gewinnt es zunehmend Selbstvertrauen und Selbstbestätigung.

Die Geschichten in diesem Buch erzählen von Kindern, die ihre Fähigkeiten in unterschiedlichen Alltagssituationen erproben, die Durchsetzungsvermögen entwickeln, ihre Meinung vertreten, oft pfiffige Ideen umsetzen und selbstständige Lösungen für Aufgaben finden. Ihr Kind wird sich manchmal in den Geschichten wiedererkennen oder staunen, wie andere Kinder den Alltag bewältigen. Die Geschichten zeigen, dass Stärke mehr ist als Muskelkraft, dass es sogar Spaß macht und es den Kindern richtig gut geht, wenn sie ihre Stärke auch zum Nutzen von anderen einsetzen.

Nehmen Sie sich Zeit für Gespräche mit Ihrem Kind, die es vielleicht nach dem Vorlesen der Geschichten führen möchte, und lassen Sie sich von der Lebensfreude anstecken, die aus den Geschichten spricht.

Annelies Schwarz

Der Drachen

„Los, Tim, lauf!", ruft Nele ihrem Freund zu.

Der hält die Drachenschnur fest und rennt, so schnell er kann, den Hügel hinunter. Doch der leuchtend rote Drachen steigt nicht mehr höher, sondern trudelt in die Tiefe und bleibt dann in den Zweigen eines Baumes hängen.

Nele und Tim schauen zu ihrem Drachen hinauf.

„Da kommen wir nie dran, den Drachen können wir vergessen", sagt Tim und lässt traurig den Kopf hängen.

„Wir müssen es aber versuchen!", meint Nele bestimmt. Sie sucht am Baumstamm nach einem dicken Ast. Aber nirgends sieht sie einen, der dick genug ist, um auf ihn draufzuklettern. „Wenn jemand

hier wäre, der groß genug ist, könnten wir eine Räuberleiter machen und den Drachen herunterholen", sagt Nele schließlich. Sie schaut sich um.

Am Hang ist niemand, aber im Garten drüben bei den Häusern harkt ein alter Mann im Gemüsebeet.

Im Nu sind die beiden Kinder bei ihm.

„Ich soll eine Räuberleiter machen?" Der Mann schüttelt den Kopf. „Dazu bin ich leider zu alt", sagt er. „Aber fragt doch mal Stefan von nebenan, vielleicht hilft der euch!" Der Mann zeigt zum Nachbargrundstück, wo ein Jugendlicher einen Holzschuppen repariert.

„Der hilft uns bestimmt nicht", sagt Tim mutlos und will zum Baum zurückgehen.

„Ach komm, wir müssen es nur versuchen!", sagt Nele und geht einfach zu dem großen Jungen hin. „Hallo! Könntest du uns bitte mal helfen?"

Aus den Augenwinkeln heraus guckt sie der Junge an.

„Wir brauchen nämlich noch jemand Größeren für die Räuberleiter. Unser Drachen hängt dort oben im Baum", erklärt Nele weiter.

„Was habe ich mit dem blöden Drachen zu tun?", knurrt Stefan und hämmert weiter Nägel in die Bretterwand.

Da nimmt Tim seinen ganzen Mut zusammen und sagt: „Aber du warst doch auch mal klein, und die Großen haben dir geholfen!"

Stefans Blick wandert von Tim zu Nele und wieder zu Tim.

„Na gut, aber ganz schnell", sagt er.

Unter dem Baum macht Stefan für Nele eine Räuberleiter und hebt sie ganz weit nach oben. Nele streckt sich – und wirklich, sie kann den roten Drachen erreichen und aus den Zweigen pflücken.

„Ihr dürft mit dem Drachen nicht zu nah bei den Bäumen laufen, sonst hängt er gleich wieder drin", sagt Stefan, als Nele wieder neben ihm steht, und wendet sich dann, mit den Händen in den Hosentaschen, ab.

„Vielen Dank!", rufen ihm Tim und Nele nach. Glücklich laufen sie mit dem Drachen den Hügel hinauf.

Noch ganz aus der Puste sagt Nele zu ihrem Freund: „Toll, dass du dich getraut hast, Stefan zu überreden."

Tim lacht. „Du hast doch gesagt, man muss es nur versuchen, und das habe ich eben gemacht!"

Wie Superman!

Jonas steht im Badezimmer und betrachtet sich im Spiegel. Genauer gesagt, er schaut auf das große, rote „S" auf seiner Brust. Das steht für „Superman", und den findet Jonas wirklich super.

„So stark wie der möchte ich auch mal sein", seufzt Jonas. Denn heute ist ihm im Kindergarten beim Tauziehen schon wieder das Seil aus den Händen gerutscht, und deswegen hat seine Gruppe wieder mal verloren!

Jonas macht eine Faust und zieht sie ganz langsam zu sich heran. Er schaut genau, ob an seinem Arm vielleicht ein Muskel-

berg zu sehen ist. Ein ganz kleiner vielleicht? Er schielt zu dem „S" auf seinem T-Shirt. „Gut, dass Superman meine Minimuskeln nicht sehen kann", denkt Jonas und lässt den Arm sinken.

„Du musst eben mehr trainieren!", hat ihm Carlos im Kindergarten heute zugerufen und dann ganz fies gelacht.

„Aber wie bloß? Ich kann doch nicht den ganzen Tag tauziehen", überlegt Jonas.

Da klopft es an der Badezimmertür. „Jonas, wo steckst du denn?", fragt Mama. „Oma ist am Telefon und fragt, ob du ihr helfen kannst, die Marmeladengläser in den Keller zu tragen."

„Och, jetzt nicht! Ich will mir doch gleich Superman im Fernsehen angucken", mosert Jonas und macht die Badezimmertür zu.

Doch da hört er plötzlich wieder Carlos' Stimme: „Trainieren, Jonas, trainieren!"

Und auch Omas Gesicht ist in seiner Vorstellung da. Er sieht genau, wie sie an der Treppe steht und auf seine Hilfe wartet.

„Ich glaube, ich will Oma doch helfen", denkt er und ruft laut: „Warte mal, Mama! Ich gehe doch zu Oma!"

Jonas flitzt die Treppe hinunter.

„Find ich sehr nett von dir, dass du mir hilfst", sagt Oma, als Jonas vor ihrer Tür steht.

Jonas grinst. Er packt eine bereitgestellte Kiste mit Gläsern voll

frisch eingemachter Marmelade. Er spannt die Muskeln an und hebt die Kiste hoch.

Siebenmal steigt Jonas in den Keller hinunter, siebenmal flitzt er wieder hinauf. Siebenmal spürt er seine Armmuskeln. Super!

Als Dank schenkt ihm Oma ein Glas mit Erdbeermarmelade. „Du bist beinahe schon so stark wie Tarzan", sagt sie und lacht.

„Wie Superman, Oma. Tarzan ist doch schon lange nicht mehr in", sagt Jonas und verabschiedet sich von Oma.

Er fühlt sich richtig gut, weil er Oma geholfen hat.

Als Jonas beim Abendbrot Omas Marmelade auslöffelt, betrachtet er zufrieden seine Armmuskeln. „Sie sind zwar noch ganz klein", denkt er, „aber irgendwann werde ich es schaffen, das Tau im Kindergarten richtig festzuhalten." Da ist er sich ganz sicher.

Mondkraterkuchen

„Ich weiß gar nicht, mit wem ich spielen soll!", quengelt Bert. Er sitzt ganz allein auf dem bunten Teppich in seinem neuen Kinderzimmer und schiebt missmutig die Legosteine hin und her.

Erst vor ein paar Tagen ist er mit seiner Mutter aus dem Dorf in die Stadt gezogen. Die U-Bahn mit den langen Rolltreppen, die Doppeldeckerbusse und die Rutschen im Park findet er toll. Doch seine Freunde vermisst er sehr.

Bert schnuppert. Riecht es da etwa nach frisch gebackenem Kuchen?

Schnell läuft er in die Küche.

Mama streut gerade Puderzucker über den Gugelhupf. „Der erste Mondkraterkuchen in der neuen Wohnung", sagt sie stolz. „Ist er nicht gut gelungen?"

Bert nickt. Schon seit er klein ist, nennt er den Gugelhupf Mondkraterkuchen, weil er ihn mit dem

Ring und dem Loch in der Mitte an einen Mondkrater erinnert. Normalerweise freut sich Bert immer, wenn Mama gebacken hat. Doch heute fragt er nur traurig: „Mit wem soll ich denn jetzt spielen, Mama?"

Die überlegt. „Gestern habe ich zwei Kinder aus der Wohnung im dritten Stock kommen sehen", sagt sie. „Sie sind wohl so alt wie du. Lade sie doch einfach zum Kuchenessen ein. Jetzt gleich!"

„Ich? Nee, Mama, mach du das lieber", zögert Bert und fügt ängstlich hinzu. „Ich weiß doch gar nicht, was ich sagen soll."

„Weißt du was, das probieren wir gleich mal aus. Du tust so, als würdest du klingeln, und ich mach die Tür auf."

„Das ist doch doof", meint Bert und bleibt einfach auf dem Stuhl sitzen.

Aber Mama lässt sich nicht beirren. „Na gut, dann spiele ich das eben alleine", sagt sie und tut so, als würde sie klingeln.

„Ding dong!
– Hallo!

– Hallo!
– Bist du der Neue bei uns im Haus?
– Ja, ich bin Bert. Kommt ihr mit mir zum Mond?
– Wie bitte?
– Meine Mutter hat grade einen leckeren Mondkraterkuchen gebacken, und ich wollte euch zum Kuchenessen einladen.
– Mmh, lecker!"

Bert muss laut über seine Mutter lachen. Auf einmal findet er es gar nicht mehr so schwer, zu der Wohnung im dritten Stock zu gehen. Aber Mama soll oben im Flur stehen bleiben und warten.

Bert klingelt an der fremden Wohnungstür. Sein Herz klopft laut.

Doch im nächsten Moment steht er einem Mädchen und einem Jungen gegenüber.

„Hallo!", sagen die Kinder, und sie fragen tatsächlich genauso, wie Mama es gesagt hat: „Bist du der Neue bei uns im Haus?"

Bert nickt. „Bei uns gibt es Mondkraterkuchen", sagt er, „wenn ihr wollt, könnt ihr ihn mit uns essen."

„Mondkraterkuchen? Echt toll!", meint das Mädchen.

„Dürfen wir Goldi mitbringen? Das ist unser Meerschweinchen. Willst du's mal sehen?", fragt der Junge.

Bert nickt.

Die Kinder nehmen ihn gleich mit ins Kinderzimmer. „Wie heißt du eigentlich?", fragt das Mädchen, als sie Bert das kleine Tier auf den Arm setzt.

„Bert!", antwortet er.

„Und wir sind Isa und Florian", sagt sie.

Bert fühlt das Herz von Goldi schlagen. „Du brauchst keine Angst vor mir zu haben", flüstert er und streichelt Goldis Fell. Schließlich hat er auch keine Angst mehr vor den Kindern.

Zusammen hüpfen die drei die Treppen hinauf in Berts Wohnung, wo der Mondkraterkuchen schon auf sie wartet.

Hunde im Park

Jasmin und Peer laufen auf der Spielwiese im Park hinter dem Ball her.

Fast hätte Jasmin ihn erwischt, doch sie tritt plötzlich auf etwas Glitschiges und rutscht aus. „Igitt! Hundedreck!", ruft sie entsetzt.

Da kommt auch noch ein zotteliger schwarzer Hund auf sie zugerannt.

Jasmin ist wütend: „Hau ab, du blöder Köter!"

Doch der Hund will spielen und schnappt nach dem Ball. Das macht Peer und Jasmin Angst.
Wo ist bloß der Hundebesitzer?

Ob es der Mann mit der Hundeleine dort ist?

„Rufen Sie doch Ihren Hund zurück!", bittet Peer den Mann auf dem Fußweg.

Der pfeift einmal kurz, und schon saust der schwarze Hund zu seinem Herrchen.

„Toll, dass du dem Mann das gesagt hast", lobt Jasmin ihren Bruder.

Hause schimpft Mama, weil Jasmin nicht geguckt hat, wo sie hintritt.

Das findet Jasmin ungerecht. „Mama, die Hunde dürfen eigentlich gar nicht auf die Spielwiese. Sie sollen an der Leine bleiben, aber die Hundebesitzer kümmern sich einfach nicht darum", sagt sie.

„Stimmt", meint Mama.

Jasmin verschwindet im Kinderzimmer.

„Wir müssen uns etwas ausdenken, damit die Hundebesitzer ihre Hunde im Park nicht ohne Leine herumlaufen lassen", sagt sie zu Peer.

Der ist gleich einverstanden.

„Aber was können wir schon tun?", meint Peer zu seiner Schwester.

„Wir fragen noch Boris und Ali, ob sie mitmachen. Dann könnten wir uns als Hunde verkleiden, und die beiden nehmen uns an die Leine. Dann gehen wir so im Park spazieren", schlägt Jasmin vor.

„Genau!", meint Peer. „Die Hunde gehen ganz brav neben ihren Herrchen, und einer von uns kann ein Schild tragen."

Die Kinder beraten noch eine Weile. Schließlich basteln sie sich zwei große Hundeköpfe aus Packpapier mit witzigen Gesichtern. Sie schneiden zwei lange Schnüre ab und binden bunte Schleifen daran.

„Das sind tolle Hundeleinen geworden", freut sich Jasmin.

Und weil Jasmin schon in die erste Klasse geht, schreibt sie auf eine große Pappe: „Kaufen Sie Ihrem Hund eine schöne Leine, dann bleibt er auch dran!"

Dann fangen die verkleideten Hunde laut zu bellen und zu jaulen an, bis Mama neugierig ins Kinderzimmer hereinschaut. „Das ist ja eine tolle Idee", findet sie.

„Und so gehen wir morgen im Park spazieren!", erklärt Jasmin.

Der Ausflug in den Park wird ein voller Erfolg.

Viele Leute bleiben stehen und sprechen mit den Kindern. „Ihr habt Recht", sagen sie, „die Hunde müssen im Park an die Leine. Und sie dürfen ihre Haufen nicht auf die Wiese und auf die Gehwege setzen."

Auch der Mann mit dem großen, zotteligen Hund ist wieder da. Und der Hund läuft wie gestern ohne Leine über die Wiese.

Sofort versperren die Kinder dem Mann den Weg und halten ihm das Plakat vor die Nase.

„Wieso, meine Leine ist doch in Ordnung", murmelt er. Doch dann begreift er und pfeift nach seinem Hund. „Tut mir Leid, Bello, die Kinder wollen das so. Okay?", sagt er und leint den schwarzen Hund an.

Die Mauer am Ende des Gartens

Merle ist mit ihren Eltern in ein Haus am Stadtrand gezogen. Dort gibt es einen wunderschönen großen Garten. Dieser Garten gehört Herrn Karlo, dem Besitzer des Hauses. Er hat Merle erlaubt, im Garten zu spielen, aber die Sache hat leider einen Haken: Sie darf keine Freunde mit in den Garten bringen.

„Zu viele Kinder zertrampeln meine Beete, und den Krach mag ich auch nicht", meint Herr Karlo.

„Schade, dann muss ich ganz alleine spielen", sagt Merle traurig.

Aber Herr Karlo bleibt bei seiner Meinung.

Merle erkundet den Garten, kriecht unter den Büschen hindurch, spaziert über eine Wiese mit Gänseblümchen und läuft bis zur Steinmauer. Auf der anderen Seite der Mauer hört Merle Kinderstimmen.

„Wenn ich nur mal über

die Mauer sehen könnte", wünscht sich Merle. Sie schaut sich um und entdeckt ganz in der Nähe eine Leiter, die unter einem alten Apfelbaum lehnt. Sie zieht die Leiter zur Mauer und klettert hinauf. Merle blickt in einen kleinen, schattigen Hof und sieht einen Jungen und ein Mädchen am Boden sitzen, die einem kleineren Kind einen bunten Ball zurollen. Merle sieht auch das

baufällige Haus, das den Hof auf der einen Seite begrenzt und den Zaun, hinter dem eine Straße verläuft, auf der mit Krach und Gestank schnelle Lastwagen fahren.

„Das ist kein schöner Platz zum Spielen", denkt Merle.

Jetzt haben die Kinder Merle entdeckt und winken ihr zu.

Merle sieht die lustigen Augen des Mädchens, das so alt wie sie sein könnte, und das nette Grinsen des Jungen, der ein bisschen jünger ist. „Mit denen würde ich gern spielen", denkt sie sofort, „und mit dem Baby auch."

Dann hat sie plötzlich eine Idee. „Wollt ihr mit mir im Garten spielen?", ruft sie den Kindern vom Nachbarhof einfach zu.

Die nicken und strahlen sie freudig an.

„Wartet mal, ich bin gleich wieder da", ruft Merle wieder. Dann steigt sie die Leiter hinunter und rennt durch den Garten zu Herrn Karlo, der gerade Unkraut zupft.

„Bitte, Herr Karlo, kommen Sie mal mit, ich muss Ihnen unbedingt etwas zeigen!" Merle ist so aufgeregt, dass Herr Karlo neugierig wird und mit ihr mitkommt. „Waren hier Diebe?", fragt er, als er die Leiter an der Mauer sieht.

Merle lacht. „Nein, das war ich", sagt sie.

Herr Karlo muss über die Mauer schauen, darauf besteht Merle.

„Außer Kindern sehe ich nichts", sagt er enttäuscht.

„Bitte, bitte, lassen Sie die Kinder zu mir in den Garten zum Spielen kommen. Hier ist es doch viel schöner als in dem dunklen Hof. Und wir passen auch auf, dass wir nicht auf die Beete treten, und Krach machen wir auch keinen, bestimmt!" Merle wundert sich selbst, wie viel sie auf einmal reden kann. Vielleicht fühlt sie sich plötzlich so stark, weil sie sich nicht nur für sich, sondern auch für die Kinder dort drüben einsetzt.

Herr Karlo schaut Merle an, und seine Augen werden freundlich. „Du hast ja Recht, schön ist es für die Kinder nicht im Hof so nah an der Straße. Und im Garten ist ja wirklich viel Platz."

„Kann ich sie gleich rüberholen?", fragt Merle und springt mit einem „Juchhu!" hoch, als Herr Karlo nickt.

Bis zum Abend spielen die Kinder zusammen im Garten. Merle und ihre neuen Freunde Jussuf, Maria und Aram.

Sie spielen Verstecken, rollen sich den bunten Ball zu und flechten Ketten aus Gänseblümchen. Und die schönste und längste Kette – bekommt Herr Karlo.

Indianer

Filip ist fast wieder gesund! Er ist froh, dass er nicht mehr im Bett liegen muss. Noch bis Sonntag soll er zu Hause bleiben, dann darf er auch wieder in den Kindergarten. Davor hat er aber ein bisschen Angst.

Ein paar Wochen ist er wegen Windpocken nicht im Kindergarten gewesen. „Ob die anderen noch mit mir spielen wollen?", fragt er sich. „Ob sie mich überhaupt noch kennen?"

Vor allem hat er Angst, dass Ole, der immer so gute Ideen zum Spielen hat, nicht mehr sein Freund sein will.

„Ole hat bestimmt schon einen anderen Freund", sagt Filip ganz traurig zu seinen Eltern.

„Das macht doch nichts, dann spielt ihr eben zu dritt", sagt Mama.

„He, Filip, ich hab eine Idee!", meint Papa plötzlich.

Filip sieht seinen Vater erstaunt an.

„Weißt du was, morgen ist Samstag, und ich habe den ganzen Tag Zeit für dich. Was hältst du davon, wenn wir mit deinem Indianerzelt in den Wald fahren und Ole mitnehmen?"

Filip strahlt. „Find ich toll! Aber vielleicht will Ole gar nicht mitkommen", sagt er dann mit leiser Stimme.

„Das werden wir gleich erfahren", sagt Papa und greift zum Telefonhörer.

Nach dem Telefonat weiß Filip, dass Ole morgen tatsächlich mitkommt und seinen neuen Kindergartenfreund Malte mitbringen will.

Papa verstaut gleich mit Filip das Indianerzelt im Auto.

Am nächsten Morgen erkennt Filip die beiden gleich, als sie um die Ecke kommen. Sie haben doch tatsächlich Federschmuck auf dem Kopf und bunte Kriegsbemalung im Gesicht.

„Hier, Filip, für dich", sagt Ole bei der Begrüßung und gibt ihm ein Stirnband mit großen Federn.

Das findet Filip ganz toll, und er bindet es sich gleich um.

„Mein Indianername ist Schneller Fuß, und wie heißt du?", fragt Malte.

„Muss ich noch überlegen", meint Filip.

Die drei Jungen setzen sich auf die Rückbank, Mama steigt mit einem Korb voller Indianerfutter ins Auto, und los geht die Fahrt in den Wald.

Auf einer Lichtung bauen alle zusammen das Indianerzelt auf.
Dann setzen sie sich stolz vor den Eingang und suchen Indianernamen für alle aus.
Mutter heißt Mutige Füchsin, Vater Alter Bär, Ole will Kleines Stinktier heißen und Filip Weißer Büffel.

Danach streifen die Kinder durch das Unterholz. Weißer Büffel bleibt ein wenig zurück. Er sieht, wie vor ihm Schneller Fuß und Kleines Stinktier zusammen reden und lachen, und fühlt sich allein.

„Die brauchen mich gar nicht", denkt er.

Plötzlich hören sie ein lautes, klopfendes Geräusch. Was ist das?

Die drei Jungen bleiben stehen und lauschen.

Weißer Büffel hat den Buntspecht als Erster entdeckt. Er sieht, wie der Vogel hoch oben im Baum mit seinem Schnabel gegen die Rinde hämmert.

Auch die beiden anderen schleichen heran. „Du müsstest eigentlich Scharfes Auge heißen", flüstert Schneller Fuß Weißer Büffel ins Ohr.

Der wundert sich, dass Schneller Fuß so etwas Nettes zu ihm sagt.

Die Indianer gehen weiter auf Entdeckungstour. Sie klettern über eine große Baumwurzel und balancieren über einen dicken, umgestürzten Baumstamm. Dann springen sie herunter.

Oh weh! Weißer Büffel hat das Loch am Waldboden nicht gesehen und rutscht hinein.

„Warte, wir helfen dir heraus!", ruft Schneller Fuß.

Kleines Stinktier und Schneller Fuß reichen Weißer Büffel die Hand und ziehen ihn aus dem Erdloch.

„Gut, dass deine Freunde dabei sind, sonst hättest du in dem Loch übernachten müssen", sagt Schneller Fuß.

Weißer Büffel fühlt sein Herz vor Freude laut schlagen. „Schneller Fuß hat gesagt, dass er und Kleines Stinktier meine Freunde sind!", denkt er glücklich.

Gemeinsam laufen die kleinen Indianer zurück zum Zelt, wo ein leckeres Indianeressen auf sie wartet.

Als Filip auf dem Rückweg zwischen Ole und Malte im Auto sitzt, weiß er ganz sicher, dass sie sich alle drei darauf freuen, im Kindergarten zusammen spielen zu können. Sehr bald!

Rosali

Rosali ist fast sechs Jahre alt. Bald wird sie in die Schule gehen. Doch sie sieht eher jünger aus, weil sie so klein und dünn ist.

Die meisten Leute denken, sie sei ein schwaches Kind. Aber das stimmt nicht.

Rosali ist stark. Und mutig! Vor allem, wenn sie sich über Angeber ärgert oder wenn sie sieht, dass andere ungerecht behandelt werden. Dann zeigt sie, was in ihr steckt!

Heute besucht Rosali ihren Opa. Sie wartet an der Bushaltestelle.

An der dritten Haltestelle, am Markt, muss sie aussteigen, das weiß sie schon genau.

Da biegt der Bus um die Ecke, und Rosali steigt ein. Sie setzt sich auf den freien Fensterplatz von einem Vierersitz.

An der nächsten Haltestelle poltern drei Jugendliche in den Bus. Sie reden so laut, als wären sie im Bus ganz allein, und schieben sich durch den Gang nach hinten. An den Vierersitzen bleiben die Jungen stehen. Dann lassen sich alle drei in die Sitze fallen. Einer der Jugendlichen setzt sich Rosali gegenüber und legt einfach seine Füße mit den schmutzigen Schuhen auf den Sitz neben ihr.

Richtig eingeklemmt ist sie zwischen den Schuhen und dem Fenster. Rosalis Herz klopft laut vor Wut, aber auch vor Angst, das spürt sie.

Jetzt zieht einer der Jungen auch noch ein Feuerzeug heraus und schnippt angeberisch die Flamme an und aus.

Im Bus sind nur wenig Leute, und keiner kümmert sich um das, was hinten im Bus los ist.

„Warum fällt mir nichts ein, was ich zu den Jungen sagen kann?", überlegt Rosali. „Und wenn ich was sage, werden die drei bestimmt noch frecher!"

Der Junge mit dem Feuerzeug zieht eine Zigarette aus der Jackentasche.

Das geht Rosali nun doch zu weit. Sie nimmt ihren ganzen Mut zusammen und sagt: „Die zündest du aber nicht an, Rauchen ist im Bus verboten!" Und zu dem Jungen gegenüber sagt sie mit so lauter Stimme, dass alle im Bus es hören können: „Nimm bitte die Schuhe vom Sitz." Dabei schaut sie dem Jungen fest in die Augen.

Der grinst nur und sagt hämisch: „Hat hier eine Maus gehustet?"

In Rosali kocht es. „Ich bin keine Maus! Ihr denkt wohl, weil ich kleiner bin als ihr, könnt ihr euch alles erlauben. Nimm sofort die Schuhe runter vom Sitz, die sind schmutzig", sagt sie noch einmal ganz laut zu ihrem Gegenüber.

Der Bus hält jetzt an der zweiten Haltestelle.

Der Busfahrer hat Rosali gehört und schaut nach hinten. „Wer sich nicht anständig benehmen kann, verlässt den Bus!", ruft er.

Daraufhin ziehen die Jugendlichen maulend die Füße von den Sitzen.

Rosali ist froh, dass ihr der Fahrer geholfen hat. Allein gegen die drei hätte sie es wohl nicht geschafft.

An der dritten Haltestelle, am Markt, steigt Rosali aus. Mit einem stolzen „Tschüss!" geht sie an den drei großen Jungen vorbei. Sie sieht noch, wie die Jugendlichen ihr ganz verdutzt nachgucken.

Draußen wartet schon ihr Opa.

Als sie zusammen über den Markt gehen, fragt Rosali: „Opa, sag mir ganz ehrlich, hattest du früher als Kind auch mal Angst vor großen Jungen?"

„Oh ja", sagt Opa. „Aber ich hab gelernt, meine Meinung zu sagen. Manchmal hat mir auch jemand geholfen. Da ist die Angst dann jedes Mal ein bisschen weniger geworden."

„Wie bei mir", sagt Rosali. Und dann erzählt sie Opa, wie mutig sie eben war.

Schecki braucht Hilfe

Die drei Freunde Marek, Isabel und Noah fahren auf ihren Fahrrädern zu den Ponys von Bauer Heinrich. Sie wollen ihnen trockenes Brot und Möhren bringen.

„Hoffentlich haben die Ponys heute Nacht bei dem Gewitter keine Angst gehabt", sagt Isabel und tritt fester in die Pedalen.

Auf der eingezäunten Weide kommen ihnen die drei Ponys gleich entgegen.

„Schaut mal, was hat Schecki denn da?", fragt Noah besorgt. Erschrocken entdecken die Kinder eine Wunde am Hals des Tieres.

„Oje, das tut bestimmt weh", meint Isabel.

„Wahrscheinlich ist Schecki, als es geblitzt hat, vor Schreck gegen den Stacheldraht gerannt", vermutet Noah.

„Wir müssen ganz schnell zu Bauer Heinrich fahren und ihm Bescheid sagen, dass Schecki verletzt ist", meint Marek.

Isabel zögert. Sie denkt an Bauer Heinrichs großen braunen Hund, der ihr immer solche Angst macht. Er bellt viel zu laut! Deshalb sagt sie auch vorsichtig zu Noah und Marek: „Ich kann nicht mit zum Bauernhof. Was ist, wenn Hasso uns beißt?"

„Der beißt nicht. Ich kenne ihn", beruhigt sie Marek. „Ich werde mit ihm Stöckchenwerfen spielen. In der Zeit könnt ihr zu Bauer Heinrich ins Haus gehen."

Isabel weiß genau, dass Schecki Hilfe braucht. Deshalb steigt sie auf ihr Fahrrad und fährt hinter den beiden Jungen her.

Gleich am Gartenzaun springt Hasso laut kläffend hin und her. Isabel versteckt sich ängstlich hinter Noahs Rücken.

„Ich hatte auch immer Angst vor großen Hunden. Aber seit ich mit ihnen spreche, habe ich keine mehr", sagt Noah beruhigend zu ihr.

„Was redest du denn mit den Hunden?", fragt Isabel leise und schielt ängstlich zu Hasso hinüber.

„Na ja, zum Beispiel: ‚Brav, Hasso, du bist ein guter Hund!'"

„Brav, Hasso, sei ein guter Hund", sagt jetzt auch Isabel zögernd.

Hasso spitzt wirklich die Ohren und hört auf zu bellen.

„Es wirkt", meint Noah stolz.

Inzwischen hat Marek einen Stock gefunden und wirft ihn weit in den Garten.

Sofort saust Hasso hinter dem Stock her.

Marek dreht sich zu Isabel um und sagt: „Siehst du, Hasso will nur spielen. Probier es doch auch mal!"

Isabel beobachtet Hasso, wie er schwanzwedelnd den Stock zu Marek zurückbringt.

„Eigentlich sieht er gar nicht so böse aus", überlegt sie. Und sagt dann: „In Ordnung."

Marek gibt Isabel den Stock.

Hasso schaut ganz erwartungsvoll.

„Braver Hund, fang!", ruft Isabel und schaut lachend zu, wie Hasso den Stock bringt. Sie traut sich jetzt sogar, den großen braunen Hund zu streicheln.

„Jetzt bist du seine Spielkameradin", lacht Noah.

„Wir können aber jetzt nicht länger mit Hasso spielen", sagt Marek. „Wir sind doch wegen Schecki hergekommen."

Schnell laufen die Kinder zum Bauernhaus, Hasso springt dabei um die drei herum.

„Gut, dass ihr mir Bescheid gesagt habt", meint Bauer Heinrich. Er will gleich mit den Kindern zurück zu den Ponys fahren.

Hasso bellt ihnen nach. Aber Isabel weiß genau, dass Hasso eigentlich nur spielen möchte.

Als Bauer Heinrich dann Scheckis große Wunde sieht, ruft er mit seinem Handy den Tierarzt an.

Der kommt sofort, um das Pony zu behandeln. „So, nun kann die Wunde gut heilen", sagt er, nachdem er Schecki eine Spritze gegeben hat.

Bauer Heinrich streichelt liebevoll den Kopf des Tieres. „Was meinst du", flüstert er Schecki ins Ohr, „dürfen die Kinder auf dir reiten, wenn du wieder gesund bist?"

Schecki nickt mit dem Kopf.

Beim Abschied sagt Bauer Heinrich: „Ich glaube, Hasso würde sich auch freuen, wenn ihr mal wieder kommt und mit ihm spielt. Er mag Kinder."

Marek und Noah schauen zu Isabel – und die überlegt nicht lange: „Einverstanden", nickt sie und lächelt.

Moritz und die Spinne

Moritz ist bei seiner Oma zu Besuch.

Mama hat ihn mit dem Auto hergebracht und ist dann wieder heimgefahren. Das macht Moritz gar nichts aus, denn er ist sehr gern bei Oma. Bei ihr gibt es ein kleines Gartenhäuschen, in dem sie ihre Gartengeräte unterstellt und in dem man prima herumstöbern kann. Auch der Roller von Moritz steht da während der Zeit, in der er nicht bei Oma ist.

Heute ist ein wunderschöner Herbsttag.

Die Sonne scheint durch die gelben Blätter der Bäume, lässt die roten Äpfel an den Zweigen leuchten und den Tau auf der Wiese glitzern.

„Darf ich den Roller aus dem Gartenhäuschen holen?", fragt Moritz gleich.

„Natürlich", antwortet Oma. Sie gibt ihm den Schlüssel für die Tür. „Den kannst du stecken lassen, ich komme später auch in den Garten", sagt sie.

Moritz rennt über den Gartenweg. Schon hat er das Häuschen erreicht und will gerade den Schlüssel in das Türschloss stecken, als er zurückschreckt:

„Igitt! Iihh! Eine Spinne!" Moritz schüttelt sich und rennt, so schnell er kann, zu Oma zurück. „Ich geh nie mehr zum Gartenhäuschen!", sagt Moritz mit schriller Stimme.

„Komm, setz dich erst mal auf meinen Schoß, und erzähl mir, was los ist", sagt Oma beruhigend.

Moritz verkriecht sich in ihrer warmen Strickjacke. „Direkt über dem Türschloss hängt eine ganz dicke Spinne, Oma, die sieht sooo eklig aus", sagt er und schüttelt sich wieder.

„Und vor der Spinne hast du Angst, das kann ich verstehen", stellt Oma fest.

Moritz schaut sie erstaunt an. „Hast du denn auch Angst vor Spinnen?", fragt er ungläubig, denn bisher hat er immer geglaubt, seine Oma sei stark und hätte vor gar nichts auf der Welt Angst.

„Das ist schon lange her, jetzt sind die Spinnen meine Freunde. Sie fangen die vielen Fliegen weg. Außerdem sehen sie richtig interessant aus, wenn sie in ihrem Netz hocken oder an einem hauchdünnen Faden durch die Luft schweben, finde ich", sagt Oma.

„Neee, das finde ich überhaupt nicht", gibt Moritz sofort zurück.

„Hast du dir denn so eine Spinne schon mal richtig angesehen?", will Oma wissen.

„Nein, wenn ich eine von weitem sehe, krieg ich Angst und renne sofort weg."

„Na, dann werden wir wohl zusammen den Roller holen müssen", meint Oma schließlich und steht auf.

Moritz folgt Oma in sicherem Abstand zum Gartenhäuschen.

„Die Spinne hat sich versteckt, ich sehe sie gar nicht mehr", sagt Oma. Sie schließt die Tür auf und gibt Moritz den Roller.

Der schielt zu der Stelle, an der er vorhin die Spinne gesehen hatte. Wirklich, sie ist nicht mehr da. Aber wo ist sie dann? Moritz schnappt sich den Roller und fährt gleich die gepflasterten Gartenwege entlang. „Hier ist bestimmt keine Spinne", vermutet er.

In einem Busch erblickt er plötzlich viele glitzernde Tautropfen, die aussehen, als wären sie zartbunte Perlen, die an kreisförmigen Fäden aufgehängt sind. Das sieht schön aus. Moritz wird neugierig, er steigt vom Roller und will sie näher betrachten. Da erkennt er, dass er vor einem großen Spinnennetz steht, und in der Mitte des Netzes sitzt die Spinne.

„Igitt", sagt er wütend, „musst du auch überall herumsitzen, du blöde Spinne!" Beim Wegfahren wirft er noch einmal einen kurzen Blick auf das Glitzernetz.

„Oma! Dort im Busch sitzt auch eine Spinne!", ruft er durch den Garten. Aber das klingt schon gar nicht mehr so ängstlich.

„Sehen die Glitzernetze nicht toll aus?", fragt Oma zurück.

„Neee!", kommt es von Moritz. Er lacht.

Oma lacht auch. Sie weiß, wenn Moritz sich erst mal so ein Spinnennetz genau ansieht, wird er es auch toll finden.

Und Moritz weiß, dass er das nächste Mal wieder einen Blick auf ein glitzerndes Spinnennetz werfen wird. Ganz kurz nur, aber trotzdem. Denn interessant ist es schon! Auch, wenn eine Spinne darin sitzt.

Annelies Schwarz … wurde 1938 in Böhmen geboren. Sie studierte Pädagogik und bildende Kunst, war Lehrerin und Lehrbeauftragte für Spiel- und Kindertheater. Ihr erstes Buch „Wir werden uns wiederfinden" kam auf die Auswahlliste zum Deutschen Jugendliteraturpreis. Für ihre Kinder- und Jugendbücher wurde sie 2001 mit dem Sudetendeutschen Kulturpreis für Literatur ausgezeichnet.

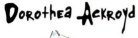

Dorothea Ackroyd … wurde 1960 in Herford geboren. Sie studierte Visuelle Kommunikation und Grafik-Design. Danach arbeitete sie freiberuflich als Illustratorin, seit der Geburt ihrer Tochter immer mehr für Kinder- und Jugendbuchverlage.

Geschichten, die Kindern helfen!

Katja Reider / Kerstin Völker
*Vertragen wir uns wieder?
Versöhnungsgeschichten,
die Kindern helfen*
ISBN 3-7855-4347-6

Ingrid Uebe / Ines Rarisch
*Komm in meine Arme!
Sanfte Geschichten,
die Kinder beruhigen*
ISBN 3-7855-4346-8

Sabine Kalwitzki / Julia Ginsbach
*Du schaffst das schon!
Mutgeschichten,
die Kinder stark machen*
ISBN 3-7855-4159-7

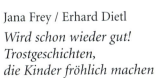

Jana Frey / Erhard Dietl
*Wird schon wieder gut!
Trostgeschichten,
die Kinder fröhlich machen*
ISBN 3-7855-4160-0